LA TIERRA ES PLANA

La globalización y sus mecanismos

Resumen y análisis
de la obra de Thomas L. Friedman

Por Myriam M'Barki

Traducido por Laura Bernal Martín

SACA LO MEJOR DE
CADA SUPERVENTAS

Padre Rico, Padre Pobre

Empresas que sobresalen

La semana laboral de 4 horas

Primero, lo primero

LA MUNDIALIZACIÓN Y SUS MECANISMOS

Hoy en día y más que en ninguna otra época, las personas pueden colaborar y competir en toda una gama de actividades, en cualquier rincón del mundo y en igualdad de condiciones gracias al estallido de las tecnologías. Sin la política, estas innovaciones habrían podido desembocar en una era de prosperidad y de colaboración excepcional entre las empresas, las comunidades y los individuos. La tesis del autor de esta obra, Thomas L. Friedman, defiende que el mundo se aplana a medida que las barreras económicas internacionales se desploman. El título del libro, *La Tierra es plana*, remite de esta forma al fenómeno de la mundialización.

Sin embargo, mientras que esta conectividad hace las delicias de algunos, a otros se lo pone difícil: los vencedores de esta aceleración del mundo han cambiado y puede que la era del Occidente victorioso esté llegando a su fin. El centro de gravedad del planeta está desplazándose hacia Asia, con dos países a la cabeza con un crecimiento económico excepcional desde hace unos quince años: India y China. De estos dos países salen cada año millones de jóvenes titulados que han seguido un plan de estudios universitario de excelencia que les permite adaptarse fácilmente a los métodos y las técnicas de países a la vanguardia de la tecnología, como Estados Unidos o Reino Unido. A los occidentales les conviene perfeccionarse cada vez más en actividades complejas y centrarse en su valor añadido, porque actualmente las competencias se comparten y se adquieren en todo el mundo.

Desde finales de los años noventa, las empresas, esencialmente estadounidenses, buscan por todos los medios reducir sus costes y aumentar su eficacia. Esta visión de la economía ha llevado a las empresas a utilizar mano de obra barata extranjera para realizar tareas de soporte y asistencia. Lejos de las sórdidas tareas entregadas a los trabajadores de los países en vías de desarrollo, la subcontratación ha migrado rápidamente a la investigación y al desarrollo de un producto o de un servicio, lo que permite actualmente que esta población que trabaja para grandes empresas estadounidenses conciba y saque al mercado todo tipo de patentes.

La Tierra es plana, obra de referencia para muchos ensayistas y libro de cabecera de Tony Blair (político británico, nacido en 1953), conoció un rotundo éxito desde su publicación, y se han vendido varios millones de ejemplares en todo el mundo, convirtiéndose así en un verdadero superventas muy apreciado por el público. Este ensayo, que se alimenta de documentación concreta y de opiniones personales, ha conseguido poner sobre aviso a unos Estados Unidos demasiado seguros de sí mismos. En 2005, el año de su publicación, fue elegido Business Book of the Year por el periódico *Financial Times* y el banco de inversiones Goldman Sachs.

DATOS PRINCIPALES

- **¿Edición de referencia?** Friedman, Thomas L. 2006. *La Tierra es plana: Breve historia del mundo globalizado del siglo XXI*. Barcelona: Martínez Roca.
- **¿Primera edición?** 2005. Ya el 2006 aparece una

nueva versión revisada y ampliada, puesto que el autor deseaba enriquecer su razonamiento tras los comentarios de la crítica y de los lectores, sobre todo en lo referente a la educación de los niños.

- **¿Autor?** Thomas L. Friedman, periodista, escritor y editorialista, nacido en 1953 en Saint Louis Park, en Minnesota (Estados Unidos).
- **¿Contexto y ámbito?** Ultraliberalismo estadounidense.
- **¿Palabras clave?**
  - <u>Globalización</u>: proceso que designa una nueva fase en la integración planetaria de los fenómenos económicos, financieros, ecológicos y culturales. Este fenómeno, que no es ni lineal ni irreversible, se refiere también al acercamiento entre los hombres y es fruto de la liberalización de los mercados. Este desarrollo de un espacio mundial interdependiente no es nuevo y se inicia con la civilización romana, que ya organizaba su imperio en torno al Mediterráneo.
  - <u>Libre comercio:</u> libre circulación, permitida por la supresión de las barreras económicas, de los productos, de los capitales y de los servicios en una zona geográfica definida. Esta doctrina se encuentra en el centro del fenómeno de la globalización.
  - <u>Externalización:</u> llamada también subcontratación o tercerización, es un término que designa la transferencia de ciertas actividades de una empresa hasta entonces tratadas de manera interna a socios exteriores especializados.

El objetivo es encontrar mejores prestaciones con un menor coste y con más flexibilidad.

° Internalización: término que se refiere al hecho de que una empresa recurra a un asesor para tomar las riendas en interno de algunas de sus actividades que antes se gestionaban en externo. Se trata del proceso contrario a la externalización, y ambos, dependiendo de la situación, pueden llevar a una reducción de los costes.

° Aplanamiento del mundo: concepto meta-fórico imaginado por el autor que significa que todos los rincones del mundo se parecen cada vez más a medida que aumenta el libre comercio.

EL AUTOR

Thomas L. Friedman, hombre de influencia y editorialista de éxito que se encarga de una columna semanal en el prestigioso periódico estadounidense *The New York Times* (creado en 1851), es un especialista en cuestiones geopolíticas, en la globalización y en el libre comercio. Es un verdadero apasionado por el periodismo y por Oriente Medio, y ha recibido tres veces el Premio Pulitzer, en dos ocasiones por su trabajo como corresponsal de guerra. Es autor de seis superventas, entre los que destacamos *From Beirut to Jerusalem*(1989), libro subvencionado por la fundación Guggenheim en el que describe sus experiencias como periodista en Oriente Medio, y *Longitudes and Attitudes: Exploring the World Before and After September 11* (2003), que reúne sus crónicas desde los atentados contra el World Trade Center.

Su juventud

Thomas L. Friedman nace en 1953 en Saint Louis Park, en las afueras de Minneapolis, en Minnesota (Estados Unidos), en el seno de una familia acomodada y letrada de tradición judía. Apasionado por los deportes desde pequeño, se perfeccionará en dos disciplinas: el tenis y el golf. Su afán le permitirá vivir más de cerca su sueño de infancia, ya que trabajará durante un tiempo con el golfista profesional Chi Chi Rodríguez (nacido en 1935) como transportador de palos de golf.

Hasta su bar mitzvá (tradición judía que celebra el paso a

la pubertad de los jóvenes varones), acude a una escuela hebrea local. A continuación, va al instituto de Saint Louis Park, donde descubre la profesión de periodista cuando escribe sus primeros artículos para el periódico de la escuela. En este mismo período se forja otra pasión, determinante para su futura carrera profesional: la que siente por Oriente Medio. Así, después del instituto, estudia el mundo mediterráneo en la Universidad de Minnesota y en la Universidad Brandeis, antes de obtener un Máster en Estudios de Oriente Medio Moderno en la Universidad de Oxford gracias a una beca escolar en 1978.

Su compromiso con Israel

Muy comprometido con el Estado de Israel, sin duda alguna son sus padres quienes le transmiten este amor sincero: cuando es adolescente, le envían varios veranos consecutivos a una colonia de vacaciones judía en Israel. Más tarde y antes de comenzar la universidad, se va varios semestres a Oriente Próximo para seguir clases en la Universidad Hebraica de Jerusalén y en la Universidad Americana de El Cairo. Además, habla árabe y hebreo con fluidez.

Su carrera como periodista

Inmediatamente después de obtener su título, Friedman es contratado por la sede londinense de la agencia de prensa estadounidense *United Press International* (creada en 1907). En virtud de su trayectoria académica, es transferido a Beirut un año más tarde para trabajar como corresponsal local hasta 1981. A continuación, lo contrata el *New York Times* para cubrir la invasión del Líbano en 1982. Permanece en su puesto en Jerusalén, y también garantiza la información relativa a la Primera Intifada, un trabajo por el que recibe el Premio Pulitzer. Después de 1988 regresa a Estados Unidos. Además de sus actividades como periodista, se convierte en corresponsal en la Casa Blanca durante la presidencia de Bill Clinton (cuyo nombre completo es William Jefferson Clinton, nacido en 1946) antes de especializarse en política internacional y economía. Desde 1994 se encarga de una columna internacional en el *New York Times*.

1926).

- 2005: elegido miembro del comité del Premio Pulitzer.
- 2005: *Financial Times* and Goldman Sachs Business Book of the Year Award (actualmente llamado *Financial Times* and McKinsey Business Book of the Year Award) por *La Tierra es plana*.

POSTURA Y MILITANCIA

Friedman es un activista comprometido que ha escrito mucho sobre globalización, asuntos exteriores, comercio internacional y medioambiente. Además, milita a favor de una solución de compromiso en el conflicto palestino-israelí y en pro de la modernización del mundo árabe.

Es un ferviente defensor del mercado de libre comercio, y considera que la globalización y sus procesos de integración son las únicas herramientas para acabar con las desigualdades económicas a escala planetaria, tanto para las empresas como para los gobiernos o los particulares, ya que permite equilibrar los poderes.

Desde los atentados del 11 de septiembre de 2001 se concentra en la amenaza terrorista en el mundo y escribe numerosas crónicas sobre los aspectos del radicalismo y sobre sus mecanismos de reclutamiento y de adoctrinamiento. Entre otras cosas, habla de la llegada de la tercera guerra mundial, del apoyo que Occidente deberá prestar a las fuerzas moderadas de las sociedades árabe-musulmanas para que puedan emanciparse solas, y de lo beneficiosa que sería para la Unión Europea la adhesión de Turquía. Además, se posicionará a favor de la invasión de Irak en 2003 por parte del Gobierno Bush y emitirá numerosas críticas contra ciertos países europeos, especialmente Francia, por no haber apoyado por completo a Estados Unidos y a la coalición internacional durante la última guerra del Golfo (2003-2011).

CONTEXTO Y ÁMBITO

A Friedman se le ocurre la idea de escribir este libro en 2004, cuando recorre India para realizar un reportaje sobre la externalización informática encargado por la cadena de televisión estadounidense Discovery Times. Tras visitar varios polos tecnológicos de interés, se muestra sorprendido al constatar hasta qué punto Bangalore, el Silicon Valley indio, se parece a las grandes capitales occidentales, y al descubrir grandes empresas de renombre (IBM, Microsoft, GE, Reuters, Dell, HP, etc.).

Durante este primer viaje aparecen las primicias de un pensamiento sobre el aplanamiento de la Tierra. Comprueba que el mundo está volviéndose poco a poco uniforme y que los países se parecen cada vez más entre sí. En su opinión, las nuevas tecnologías se encuentran en la base de este parecido. Encontramos los mismos alimentos, la misma música, la misma forma de vestir o incluso los mismos temas de actualidad en Tokio, en París, en Bangalore o en Buenos Aires.

Perplejo e intrigado, continúa su periplo por Asia para llegar a Japón y más tarde a China, para confirmar lo que intuía: el mundo es plano. Descubre que las empresas japonesas también subcontratan en China: mientras que Bangalore es la ciudad india privilegiada por la externalización occidental, Dalian es el polo de atracción chino principal para la subcontratación japonesa, ya que la región noreste de China conserva vestigios de la cultura japonesa —como el idioma—, restos de la colonización por parte de Japón.

Estos viajes le aportan a Friedman nuevas ideas sobre las grandes tendencias de la globalización y sobre las fuerzas que la mueven: actualmente, todo lo que puede digitalizarse es subcontratado a un tercer país; el trabajo puede realizarse en cualquier sitio y en cualquier momento. Esta hipótesis se convertirá en *La Tierra es plana. Breve historia del mundo globalizado del siglo XXI.*

La obra se escribe dos años antes de la crisis financiera de 2007 que sacude la economía global: los fenómenos que en ella se explican no hacen más que reforzarse tras esta crisis y hoy en día no podrían ser más ciertos. Sin embargo, las opiniones emitidas se encuentran profundamente enraizadas en la mentalidad estadounidense y son fruto de una visión ultraliberal característica de este país: la obra es el perfecto reflejo de unos Estados Unidos todopoderosos y dominadores que imponen sus métodos y su modelo económico al resto del mundo.

LA TIERRA ES PLANA

RESUMEN

La Tierra es plana, título provocador que sin embargo no cuestiona la esfericidad de la Tierra, es una metáfora que significa que el mundo se ha convertido en un terreno de juego perfectamente plano en términos de intercambios comerciales. Todos los centros de conocimiento están actualmente conectados para formar una sola red planetaria. La pirámide de los poderes y las relaciones de fuerza se aplanan cada día un poco más para poner en igualdad de condiciones a las personas, a las empresas y a las sociedades. El título también hace alusión a la adaptación que tienen que hacer los países y las empresas para seguir siendo competitivos en un mercado global en el que las barreras históricas y geográficas tienen cada vez menos importancia.

Este aplanamiento del mundo es el resultado de la convergencia entre el auge de los ordenadores (años ochenta), la caída del muro de Berlín (1989) y el crecimiento de los programas de *workflow* (programas de trabajo en red, años noventa). El autor llama a este período la «globalización 3.0», diferenciándolo de los dos precedentes: la «globalización 1.0» —en la que los países y los gobiernos eran los principales protagonistas que establecían las reglas comerciales— y la «globalización 2.0» —en la que las empresas multinacionales abrieron la vía a un proceso de integración global de la economía—. De esta forma, según Friedman, el proceso de globalización se ha desarrollado en tres grandes etapas:

- **la primera etapa** se extiende desde 1492, momento en que Cristóbal Colón (1451-1506) abre la vía comercial entre el Viejo Continente y el Nuevo Mundo, hasta 1800.
- **la segunda etapa** va desde 1800 hasta el año 2000. Es la era de la Revolución Industrial, de la telecomunicación y de la expansión de las empresas occidentales a mercados planetarios, interrumpida por la Gran Depresión (1929-final de los años treinta) y las dos guerras mundiales.
- **la tercera etapa** (siglo XXI) ve cómo el mundo se encoge y se aplana para dejar sitio a una hiperconectividad entre los países y los individuos del mundo entero.

Friedman está convencido de que entramos en una nueva época, la de la Revolución de la Información. Esta revolución se inscribe, según él, en los grandes puntos decisivos de la historia, al mismo nivel que la invención de la imprenta, al auge del poder de los Estados-nación o la Revolución Industrial. No obstante, a diferencia de las revoluciones tecnológicas precedentes, esta se propaga a toda velocidad y afecta a mucha más gente al mismo tiempo. Cuanto más rápida es la transición a una nueva era, más crece su capacidad para provocar trastornos. En efecto, este cambio demasiado brusco está afectando a las personas y provoca una pérdida de puntos de referencia, sobre todo en materia de identidad cultural.

CONCEPTOS CLAVE

Las diez fuerzas aplanadoras

Friedman señala diez acontecimientos clave de la historia del siglo XX y del XXI que han contribuido a que la Tierra sea más uniforme. Las llama las «diez fuerzas aplanadoras».

1. **La caída del muro de Berlín** (9 de noviembre de 1989). Gracias al auge de los ordenadores y a la revolución de la información de principios de los años ochenta, las herramientas desarrolladas (fax, teléfono, ordenador) incrementaron las comunicaciones inmediatas y permitieron que las empresas occidentales aumentaran su productividad. Por su parte, el bloque soviético, al Este, se encontraba sumido en un estancamiento económico provocado por un sistema político, social y económico desfasado y anticuado. La caída del muro concretiza la victoria de la democracia y del capitalismo sobre el comunismo y permite la propagación de las ideologías occidentales sobre todo el planeta.
2. **La web y los navegadores**. Mientras que la era de los ordenadores y de Windows alcanza su cumbre a mediados de la década de los noventa, dos grandes innovaciones transforman la red informática y le dan un impulso decisivo a la interconexión del mundo: la World Wide Web —en la que todos pueden crear su propia página de internet con objetivos comerciales o privados— y la creación de navegadores, capaces de buscar cualquier página web y mostrarla en cualquier pantalla de ordenador. La creación estos últimos permite que todos, desde los apasionados por la tecnología hasta las grandes empresas, pasando por los gobiernos y la población, puedan navegar libremente por la red.

- World Wide Web (www) significa literalmente «la gran telaraña mundial», y a menudo se abrevia como «web». Se trata de un sistema conectado a través de vínculos de hipertexto que funcionan en internet y que permiten consultar, con la ayuda de un navegador (Google Chrome, Mozilla Firefox, Internet Explorer, Safari, etc.), páginas que se encuentran en línea dentro de sitios web. Aunque se inventó unos años después que internet, la web es la que lo convirtió en una herramienta válida para el público en general, de forma que democratizó el ciberespacio. Por mal uso del lenguaje, se confunde a menudo una palabra con la otra, a pesar de que en realidad la web no es más que una aplicación de internet, al igual que el correo electrónico, la mensajería instantánea o las videoconferencias.

- En 1991, Tim Berners-Lee (nacido en 1955), un investigador británico que trabaja para el Centro Europeo para la Investigación Nuclear (CERN, por sus siglas en francés) crea la World Wide Web y lanza ese mismo año la primera página web: http://info.cern.ch. ¿Su objetivo? Que los especialistas del mundo entero pudieran compartir sus estudios y sus resultados con toda la comunidad científica. En efecto, en esta época el intercambio de datos era prácticamente inexistente. Cinco años después de la creación de la web, el número de usuarios de internet pasa de 600 000 a 40 millones.

3. **Los programas de *workflow*** («flujo de trabajo» español) o de trabajo en red. Se trata de una herramienta de gestión que permite encadenar automáticamente sucesiones de tareas que uno o varios empleados de una empresa tienen que cumplir. Por ejemplo, este tipo de programa permite realizar un seguimiento de los documentos identificando a las partes concernidas, las acciones que hay que realizar y los plazos. Simplifican enormemente la cadena de trabajo de una empresa en la medida en que permiten estructurar los procesos de trabajo, coordinar las cargas y los recursos y supervisar el desarrollo y el encadenamiento de estas tareas. Estos programas, que permitían que una máquina se comunicara con otras, experimentaron un auge durante la segunda mitad de los noventa. A partir de entonces, el trabajo pudo circular sin obstáculos de una empresa a otra y de un continente a otro. Antes de su creación, las empresas solo podían conectarse entre ellas mediante un intercambio manual de datos y de correos electrónicos. Por otra parte, como los equipos y los programas no eran todos idénticos, la comunicación era difícil incluso dentro de la misma empresa. Gracias a esta revolución informática, la concepción del trabajo y de la empresa se transformó profundamente.

4. **El acceso libre a los códigos fuente**. Hoy en día, es sencillo crear documentos o archivos y transmitirlos a una red sin tener que pasar por la cadena de distribución tradicional. Este método, denominado «acceso libre a los códigos fuente» (*upload* en inglés), transforma radicalmente la colecta y la diseminación de datos. La difusión ya no va en un solo sentido: ahora todos podemos ir

más allá de nuestro papel de consumidores y acceder al de productores. Este fenómeno es una de las formas de colaboración social más revolucionarias. Entre las más conocidas se encuentran:

- los programas de código abierto (*open source* en inglés) desarrollados por una comunidad y que en general son gratuitos y accesibles para todos (como la suite ofimática libre OpenOffice);
- los blogs creados y publicados por particulares que ofrecen al mundo entero datos de todo tipo (canciones, poemas, cuadros, películas, conceptos, etc.);
- Wikipedia, la enciclopedia en línea visitada por miles de millones de personas en la que la información es redactada y modificada infinitamente por los propios usuarios.

5. **La externalización o la subcontratación**. Este fenómeno es una ganga para las empresas occidentales que quieren multiplicar su productividad y su rentabilidad. Con la introducción de la World Wide Web, muchas empresas estadounidenses financiaron directamente las obras de remodelación de ciertos países en vías de desarrollo instalando satélites y cables de fibra óptica para permitir una conexión internacional. India, por ejemplo, dejó de ser castigada por la fuga de cerebros y Estados Unidos pudo beneficiarse del alto nivel competitivo de la población local para realizar grandes ahorros salariales e impulsar su cadena de productividad, ahora activa las veinticuatro horas gracias a la diferencia horaria.

6. **La deslocalización o el *offshoring***. A partir de los años ochenta, muchos inversores —al principio sobre todo

chinos asentados en el extranjero que no lograban vender sus productos en sus países de acogida— imaginaron utilizar la mano de obra china disciplinada para fabricarlos con un coste menor antes de venderlos en el extranjero. Esta actitud estaba en perfecta consonancia con los intereses de los líderes chinos de la época, que querían atraer empresarios extranjeros y convertir a China en un polo de producción especialmente atractivo. Cuando el proceso de deslocalización se inició en todo tipo de sectores, este método se impuso con rapidez y se convirtió en la norma para muchas empresas que querían encontrar la región del mundo más rentable en términos de costes de producción. Por otra parte, con la entrada de China en la Organización Mundial del Comercio (OMC) en 2001, el país le garantizaba a las empresas extranjeras el respeto del derecho internacional en materia de prácticas comerciales. Por tanto, estas podían implantarse en prácticamente cualquier lugar de China al tiempo que se beneficiaban de ventajas financieras.

7. **La armonización de la cadena de abastecimiento**. Se trata de una forma de colaboración global entre todos los protagonistas de una empresa (proveedores, minoristas y clientes) que permite crear valor y ahorrar: cuanto más se perfeccionan y se multiplican las cadenas de abastecimiento, más le imponen a las empresas la adopción de normas comunes que eliminan las discordancias entre ellas. En un mundo en el que las conexiones se cruzan constantemente, los puntos fuertes del proceso de abastecimiento de una empresa son sistemáticamente imitados por las demás, porque la tecnología moderna no permite guardar en secreto estos métodos de ingeniería.

8. **La internalización**. Este otro fenómeno está relacionado con la séptima fuerza, ya que se traduce en la aparición de prestatarios intermediarios que se colocan al mando, por ejemplo, del servicio postventa de una marca (reparación/asistencia), con el fin de reducir los plazos si lo comparamos con una aportación logística externa. De esta forma, una empresa puede recurrir a expertos consultores para que se encarguen en interno de la cadena de abastecimiento.

9. **La sobreinformación**. El acceso a la reserva prácticamente inagotable de datos en línea es posible gracias a la aparición de motores de búsqueda como Google, que ofrecen posibilidades cada vez mayores para poner a nuestra disposición todo el conocimiento del mundo en todas las lenguas. Hoy en día ya no es necesario salir de casa para conocer a gente como nosotros ni ir a la biblioteca o al cine para entretenernos o informarnos.

10. **«Los esteroides»**. La última fuerza aplanadora resulta, según Friedman, de una combinación de ciertas nuevas tecnologías que amplifican los efectos de las otras fuerzas, tal y como harían los esteroides anabolizantes. Entre las más importantes se encuentran:

    ◦ los elementos relacionados con el almacenamiento y la transmisión de datos, como los microchips de los discos duros, muy importantes porque sirven para digitalizar, comprimir y transmitir cada vez más datos a una velocidad cada vez mayor;

    ◦ el intercambio de ficheros en línea, como las redes peer-to-peer que permiten que dos personas puedan compartir datos almacenados en sus respectivos ordenadores;

- la comunicación telefónica a través de internet gracias a VoIP (Voice over Internet Protocol) y la comunicación instantánea (Skype, por ejemplo);
- todas las nuevas tecnologías móviles, que permitirán, dado que se pueden utilizar en cualquier lugar y con cualquier dispositivo, el total aplanamiento del planeta.

Tener éxito en un mundo abierto y plano

En comparación con el siglo pasado, ahora debemos trabajar un poco más duro y correr algo más deprisa para alcanzar nuestros objetivos profesionales. Para hacerle frente a la competencia, el autor considera que es primordial desarrollar las siguientes cualidades: la imaginación, la motivación, una buena comprensión de la complejidad humana y el hemisferio derecho del cerebro (el del instinto, las emociones, el sentido artístico, la creatividad y el contexto global). Las personas que tienen más éxito son las que demuestran una gran creatividad, mucha curiosidad intelectual, un espíritu analítico y comodidad en las relaciones interpersonales —una característica que facilita la colaboración entre individuos—. De esta manera, reconocemos a las mejores empresas en la medida en que colaboran con otras y externalizan lo máximo posible, y por una razón simple: los ámbitos de competencia son ahora tan complejos que ninguna empresa puede dominarlos sola. El recurso a la externalización permite reducir ciertos costes de personal para privilegiar la contratación de especialistas.

Los riesgos de un mundo sin barreras
y las soluciones propuestas

¿Es realmente una ganga el aplanamiento del mundo para las sociedades occidentales? ¿No deberían prohibir la externalización y la deslocalización para proteger su economía? Friedman dice que no. Los países occidentales deberían, sobre todo, distanciarse del proteccionismo, ya que es una ideología contraproductiva, para adherirse al principio del libre comercio y reforzar una estrategia que pretenda darle las mismas oportunidades a todos los ciudadanos de un país. Asimismo, hay que alentar la apertura de los mercados mundiales para introducir más países en el sistema de globalización, lo que aumentará la demanda de bienes y de servicios, dinamizará la innovación tecnológica y reducirá el desempleo masivo.

A contrario, los enemigos de la globalización no opinan lo mismo y calculan que muchas poblaciones de países desarrollados deberán esperar un declive de su nivel de vida y de su poder adquisitivo, a no ser que ciertos empleos se protejan de la competencia.

Thomas Friedman también piensa que para luchar contra una crisis económica que castiga con dureza en un mundo aplanado, Occidente debe, sobre todo, actualizar las competencias profesionales de su población para que esta pueda responder a las nuevas exigencias de las empresas, lo que limitaría la deslocalización y la subcontratación. En efecto, una sensibilización de los jóvenes con las profesiones científicas (como las ciencias informáticas, la ingeniería, la física o la química) sería bienvenida en razón del creciente desinterés por estos sectores y la penuria de los profesionales del ámbito. Así, el autor deplora que Estados Unidos ya no deje entrar en su territorio a nuevos talentos (inmigración controlada por medidas de seguridad), que las empresas encuentren cada vez más posibilidades en mercados extranjeros y que los jóvenes estadounidenses ya no estén formados como para compensar estas lagunas. Es lo que Friedman llama «la crisis tranquila», es decir, el debilitamiento de un país desde el interior.

A la era industrial le sucedió la era informática: ahora es el turno de la era del talento. Casi toda la población mundial se beneficia actualmente de las herramientas tecnológicas y se comparten conocimiento y competencias. Los países que saldrán victoriosos serán aquellos capaces de atraer mejor los talentos y de reinventar el futuro dotándose de nuevas especialidades, tal y como supo hacer Estados Unidos en el pasado.

Para seguir siendo competitivo a largo plazo, deben tomarse otras medidas gubernamentales vinculadas a la flexibilidad de la fiscalidad, de manera que se impulse el empleo y se erradique el desempleo masivo. En este sentido, el autor habla de facilitar el paso de un empleo a otro, de desvincular al empleador de las cotizaciones de jubilación y del seguro de enfermedad o incluso de favorecer la contratación de personal.

Los países en vías de desarrollo

Aunque los países en vías de desarrollo detentan un lugar cada vez más importante en el mercado económico mundial, estos deben crear un entorno de vida en el que sus ciudadanos dispongan de infraestructuras y de herramientas tecnológicas con buen rendimiento que facilitarán la creación de empresas. Estos países también deberían establecer un marco jurídico y una legislación fiscal más flexible que permitirían liberar capital más fácilmente para usos más productivos. Un ejemplo entre otros muchos: en Australia, se necesitan dos días para crear una empresa; en la República Democrática del Congo son necesarios 215 días.

De esta forma, para prosperar en un mundo plano y, sobre todo, para salir de la pobreza, se necesitan reformas directas y bruscas, como el desarrollo de la educación —para poder disponer de una mano de obra instruida y flexible—, la salida del modelo socialista y el cambio del sistema de gobierno para encaminarnos a un mercado abierto, plano y competitivo. La receta del éxito, por tanto, reside en la facultad que tiene una sociedad de hacer sacrificios en nombre del desarrollo económico y la presencia de líderes capaces de imponer transformaciones por el interés del futuro común.

REPERCUSIONES

Opiniones positivas

En su conjunto, el libro es muy completo, está bien construido y colmado de documentación que ilustra las opiniones que expresa. Además, cuenta con el mérito de estar aún acorde con su tiempo, ya que los elementos que aborda en su conjunto siguen estando de actualidad a pesar de haber sido escrito hace más de diez años. El autor nos ofrece su análisis de las principales tendencias que han guiado a nuestro sistema social, político y económico a través de una investigación realizada por todo el mundo. De esta forma, ha entrevistado a numerosas personas activas en el mercado del empleo (jefes de empresa, empleados del sector tecnológico, políticos, etc.), y ha recolectado numerosos testimonios que le han permitido modelar su teoría sobre el aplanamiento del planeta. Friedman no se contenta con un simple análisis de los hechos, sino que también se arriesga a reflexionar sobre las adaptaciones necesarias a nivel individual y colectivo para tener éxito en este mundo abierto y plano.

Esta obra, un verdadero superventas, ha tenido una buena acogida tanto entre el público en general como entre la crítica literaria. También ha sido capaz de encontrar lectores más allá de las fronteras estadounidenses, ya que ha tenido un gran éxito comercial en Europa y en China —aunque en este último país haya sido censurado parcialmente desde su publicación—. Bajo la esfera de influencia de la política económica estadounidense, la postura de Friedman sobre la globalización y sobre el mercado libre está bastante consensuada, algo que, por una parte, le ha permitido ser considerado por los medios de comunicación de su país como uno de los mejores periodistas de política y economía de su época y, por otra parte, beneficiarse de una limitación de la crítica negativa gracias a que la mayor parte de la población local comparte y aprueba sus opiniones.

El *Washington Post*, por medio del periodista Warren Bass, ha calificado la obra de «cautivante visita guiada» y de «lectura apasionante», declarando a este respecto: «Desconocemos por completo cómo se desarrollará la historia del siglo XXI, pero este libro, increíblemente estimulante, incitará sin lugar a dudas a los lectores a empezar a pensar sobre ello» (Bass 2005). Sin embargo, el periodista piensa que Friedman sobreestima la novedad de este fenómeno económico que es la globalización, al tiempo que alaba su lucidez habitual y su don natural para desmenuzar las principales tendencias económicas de nuestra época.

Opiniones negativas

Este ensayo sobre la globalización también se ha enfrentado a algunos detractores, personificados en concreto en la figura de periodistas y teóricos que defienden una ideología antiliberal.

- El periodista y activista estadounidense David Sirota (nacido en 1975), gran defensor del proteccionismo, criticó públicamente la postura del autor sobre el beneficio que tendría un aplanamiento total de la Tierra en un artículo publicado en el *San Francisco Chronicle* (periódico creado en 1865). En efecto, Sirota se posiciona a favor del restablecimiento de las fronteras económicas y de la protección del comercio justo. Apoya la idea de que el Gobierno estadounidense debe recobrar su soberanía en términos de decisiones económicas.

- Pankaj Ghemawat (nacido en 1959), doctor en economía y ensayista, expresó sus discrepancias con la obra en un artículo publicado por la revista estadounidense *Foreign Policy* en 2007. En este, explica que Friedman ha exagerado mucho la amplitud de la globalización, ya que el 90 % de las llamadas telefónicas, del tráfico de internet y de las inversiones se efectúan a nivel local, lo que significa que solo una fracción de lo que consideramos que es la globalización existe en realidad.

- El economista estadounidense Edward S. Herman (nacido en 1925) compara a Friedman con un perfecto representante y portavoz del *establishment* (autoridad en el poder que busca mantener su puesto), ya que lo ve como un usurpador que se vale de su influencia mediática para asentar su posición de poder pero que, en el fondo, esconde una ideología racista y antidemocrática lista para hacer oídos sordos a una realidad estadounidense expansionista e imperialista.

- John Gray, antiguo profesor de la London School of Economics and Political Science, escribió un texto crítico contra el libro llamado «The World Is Round» («La Tierra es redonda»). En este, confirma el pensamiento de Friedman que defiende que la globalización construye un mundo más interdependiente y, en ciertas regiones, más rico. En cambio, refuta la idea de que esta cree un mundo más pacífico y más libre. John Gray señala la ambigüedad que deja traslucir la metáfora del aplanamiento de la Tierra, utilizada para designar el impacto de las nuevas tecnologías digitales en el mundo, pero que el autor también emplea para referirse a una potencial homogenización política del mundo (llamada en este libro la «teoría de la prevención de conflictos»). En efecto, Friedman calcula que la integración planetaria de los intercambios económicos y comerciales podría disuadir a ciertos países de entrar en guerra debido a que comparten, a través del intermediario de una cadena de abastecimiento, una economía de mercado. Gray refuta este análisis porque considera que estas especulaciones geopolíticas son un análisis simplista dotado de un optimismo poco realista.

- Algunos críticos también han señalado que el libro está escrito desde una perspectiva demasiado unilateral y que es el resultado directo de una visión del mundo típicamente estadounidense. Asimismo, deploran la connivencia ideológica demasiado marcada entre el periódico *New York Times* y el autor (que trabaja para él desde 1981) y habrían preferido una redacción y una opinión más personalizadas.

- Finalmente, los geógrafos en su conjunto, especialmente Harm de Blij (nacido en 1935), han criticado la obra de Thomas L. Friedman. Efectivamente, la geografía demuestra el carácter desigual de los efectos de la globalización, la influencia demasiado pronunciada que sigue teniendo en la vida de la gente y las relaciones de dependencia desiguales que se establecen entre los países dominados y los dominantes.

A pesar de sus puntos débiles, se trata de una obra imprescindible que está bien redactada y aporta una visión estructurada y nueva sobre el mundo en estos principios del siglo XXI.

EXTENSIONES Y PERSPECTIVAS SIMILARES

Varios hombres influyentes, «creadores de opiniones» o incluso autores de éxito se han afanado en la cuestión de la globalización, el principio del libre comercio y el comercio internacional.

- Paul Krugman (nacido en 1953), economista, galardonado con el Premio Nobel de Economía en 2008 y editorialista para el *New York Times*, ha demostrado los efectos positivos del impacto de las economías de escala (reducción del coste unitario de un producto que obtiene una empresa al aumentar su tasa de producción) sobre el comercio internacional.
- James Bradford DeLong (nacido en 1960), profesor de economía en la Universidad de Berkeley, investigador y exvicesecretario del Tesoro estadounidense, describe la considerable influencia de las nuevas tecnologías en el desarrollo del neoliberalismo y de la globalización. También se interesa por la historia del pensamiento económico, de la que se desprende la publicación anual *The Economists' Voice*.
- Milton Friedman (1912-2006), considerado uno de los economistas más influyentes del siglo XX, Premio Nobel de Economía en 1976 y asesor del expresidente estadounidense Richard Nixon (1913-1994), fue un ferviente de-

fensor del liberalismo. A través de sus libros, entre ellos *Capitalismo y libertad* (1962), demuestra la superioridad del mercado de libre comercio sobre los demás sistemas y desarrolla su teoría según la cual la disminución del papel del Estado en la economía de mercado es la única manera de alcanzar la libertad económica.

EN RESUMEN

- El autor es un hombre influente con cierto poder en los medios de comunicación estadounidenses: se beneficia de una gran visibilidad cuando publica un libro y de una inmunidad casi absoluta en lo referente a la censura, lo que le da el privilegio de ser visto, escuchado y leído por una gran parte de la población estadounidense. Destaca el hecho de que aconsejara al príncipe regente saudí Abdalá bin Abdelaziz (1924-2015) sobre cuestiones en materia de relaciones diplomáticas entre Estados Unidos y Arabia Saudí. Actualmente sigue trabajando como periodista y últimamente ha escrito columnas de opinión sobre la crisis migratoria que golpea a Europa.
- La caída del muro de Berlín en 1989, símbolo del fin del Imperio soviético, supone un punto de inflexión en la historia: el comunismo se derrumba, el capitalismo triunfa, las fronteras desaparecen, el mercado de libre comercio crece y el auge informático cambia el mundo. Este acontecimiento político es el elemento que desencadena una nueva dirección económica, ahora adoptada por la mayor parte del mundo: el liberalismo.
- A medida que la hiperconectividad entre los individuos crece, se deja entrever el aplanamiento del mundo (unos tres mil millones de trabajadores «digitales» han entrado en la economía mundial). En efecto, el autor distingue diez acontecimientos principales que han contribuido a que la Tierra sea plana. Estas fuerzas, todas resultado de la revolución tecnológica, interaccionan para formar una única red planetaria que será total cuando toda la

población del mundo tenga acceso al mundo digital. Esta evolución provoca al mismo tiempo una modificación de las competencias y de los hábitos de trabajo de particulares y empresas.

• Desde hace unas dos décadas, las sociedades buscan por todos los medios reducir los costes y aumentar su eficacia. Así es como aparecen fenómenos como la deslocalización y la subcontratación. La novedad es que ahora el trabajo puede realizarse en cualquier sitio y momento gracias al derrumbe de las barreras económicas y a la eficacia de las tecnologías. Pero fuera del entorno empresarial, cada vez son más los ciudadanos que recurren a particulares de todo el mundo para conseguir servicios como clases de idiomas por videoconferencia, la realización de la declaración de la renta, programación informática, la creación de una página web, o incluso la redacción de un blog o de una revista digital. Estos servicios, evidentemente más baratos que en su país de origen, abren camino hacia una nueva plataforma mundial que permite múltiples formas de colaboración.

• En Occidente, el creciente número de empleos deslocalizados (más de tres millones en el mundo en 2015 según Forrester Research) provoca una importante tasa de desempleo, sobre todo entre los jóvenes. Esta realidad aterroriza a los padres, preocupados por el futuro profesional de sus hijos. De ahí que los países afectados por la crisis tengan que insuflar por todos los medios un soplo de aire fresco formando a su juventud en las profesiones del futuro.

• En vista de la increíble velocidad a la que se desarrollan las economías china e india, Estados Unidos y Europa tienen que crear nuevos modelos comerciales que les permitirán aprovechar al máximo el crecimiento de estos dos países al tiempo que se protegen de lo peor: lejos de la subcontratación asiática que solo se ocupaba de simples tareas de ejecución, tanto India como China se han convertido en máquinas de innovaciones tecnológicas que imponen su supremacía día tras día.

- Friedman, ferviente defensor del mercado de libre comercio y de la globalización, critica con fuerza las sociedades que no siguen el ritmo y pone en evidencia el carácter rápido de esta evolución con el excelente nivel de competencias que poseen los jóvenes diplomados de los países en vías de desarrollo. Estos países detentan un papel cada vez más importante en la economía mundial y pueden, a día de hoy, imponerle al mercado sus reglas y sus métodos, al igual que hacen Estados Unidos y el Viejo Continente.

- Según Friedman, la globalización contribuye a reducir las desigualdades sociales, ya que tendría un efecto positivo en la reducción de la pobreza mundial. Las innovaciones tecnológicas han permitido una actualización de la pirámide de poderes y permiten actualmente que cualquiera, profesional o particular, pueda competir en igualdad de condiciones a través de servicios de todo tipo.

PARA IR MÁS ALLÁ

FUENTES BIBLIOGRÁFICAS

- Bari Atwan, Abdel. 2007. "Friedman veut compromettre le roi d'Arabie". The International Solidarity Movement. 26 de marzo. Consultado el 13 de enero de 2017. http://www.ism-france.org/analyses/Friedman-veut-compromettre-le-roi-d-Arabie-article-6525
- Bass, Warren. 2005. "The Great Leveling". The Washington Post. 3 de abril. Consultado el 13 de enero de 2017. http://www.washingtonpost.com/wp-dyn/articles/A17314-2005Mar31.html
- Brunel, Sylvie. 2007. "Qu'est-ce que la mondialisation?". Sciences Humaines. 14 de febrero. Consultado el 13 de enero de 2017.http://www.scienceshumaines.com/qu-est-ce-que-la-mondialisation_fr_15307.html
- Chavagneux, Christian. 2007. "La Terre est plate. Une brève histoire du XXIe siècle par Thomas Friedman". Alternatives Économiques, n.º 254. Enero. Consultado el 13 de enero de 2017. http://www.alternatives-economiques.fr/la-terre-est-plate-une-breve-histoi_fr_art_207_24389.html
- Chol, Éric. 2006. "Thomas Friedman". L'Express. 9 de noviembre. Consultado el 13 de enero de 2017. http://www.lexpress.fr/culture/livre/thomas-friedman_821709.html
- Cohen, Elie. 2005. "La mondialisation ou l'aplatissement du monde". Elie Cohen. Noviembre. Consultado el 13 de enero de 2017. http://www.elie-cohen.eu/article.php3?id_article=95

- Demeure, Yohan. 2013. "Fiche de lecture 'La Terre est plate' de Thomas Friedman (Mondialisation)". Youscribe. Diciembre. Consultado el 13 de enero de 2017. http://www.youscribe.com/catalogue/livres/litterature/fiche-de-lecture-la-terre-est-plate-de-thomas-friedman-2375826
- Friedman, Thomas L. 2006. *La Tierra es plana: Breve historia del mundo globalizado del siglo XXI*. Barcelona: Martínez Roca.
- Goossens, Marc. 2010. "The World Is Hot, Flat and Crowded. Analyse critique des deux best-sellers de Thomas L. Friedman". Société Européenne des Ingénieurs et des Industriels. 25 de mayo. Consultado el 13 de enero de 2017. http://www.seii.org/seii/documents_seii/archives/Hotflatandcrowded.pdf
- Gray, John. 2005. "The World Is Round". The New York Review of Books, vol. 52, n.º 13. 11 de agosto. Consultado el 13 de enero de 2017. http://www.nybooks.com/articles/2005/08/11/the-world-is-round/
- Perspective monde, "Libre-échange, brève définition". Consultado el 13 de enero de 2017. http://perspective.usherbrooke.ca/bilan/servlet/BMDictionnaire?iddictionnaire=1693
- Thomas L. Friedman, "Thomas L. Friedman Official Biography". Consultado el 22 de agosto de 2015. http://www.thomaslfriedman.com/about-the-author

FUENTES COMPLEMENTARIAS

- Del mismo autor:

  - Friedman, Thomas L. 2003. *Paix des peuples, guerres des nations. Après le 11 septembre*. París: Denöel.
  - Friedman, Thomas L. 2009. *La Terre perd la boule. Trop chaude, trop plate, trop peuplée*. París: Saint-Simon.
  - Friedman, Thomas L. 2012. *Back in the USA. Quand l'Amérique se réinvente*. Paris: Saint-Simon.

- DeLong, James Bradford. 2000. "The Triumph of Monetarism?". *Journal of Economics Perspectives*, vol. 14, n.° 1, invierno, 83-94. Consultado el 13 de enero de 2017. http://www.jstor.org/stable/2647052?seq=1#page_scan_tab_contents
- Friedman, Milton. 1962. *Capitalisme et Liberté*. París: Leduc.s.

DOCUMENTALES

- Inside Job. Dirigido por Charles H. Ferguson. Estados Unidos, 2010.
- L'Empire du Management. Dirigido por Gérard Caillat, Pierre Legendre y Pierre-Oliver Bardet. Francia, 2007.
- Let's Make Money. Dirigido por Erwin Wagenhofer. Austria, 2009.
- The Corporation. Dirigido por Jennifer Abbott y Mark Ashbar. Canadá, 2003.

Made in the USA
Monee, IL
08 July 2026